Gustavo Uribe

La mentira y su poder

Gustavo Uribe

La mentira y su poder

CREDO EDICIONES

Imprint

Any brand names and product names mentioned in this book are subject to trademark, brand or patent protection and are trademarks or registered trademarks of their respective holders. The use of brand names, product names, common names, trade names, product descriptions etc. even without a particular marking in this work is in no way to be construed to mean that such names may be regarded as unrestricted in respect of trademark and brand protection legislation and could thus be used by anyone.

Cover image: www.ingimage.com

Publisher:
CREDO EDICIONES
is a trademark of
International Book Market Service Ltd., member of OmniScriptum Publishing Group
17 Meldrum Street, Beau Bassin 71504, Mauritius

Printed at: see last page
ISBN: 978-613-2-86714-8

INDICE

Introducción

Hemos visto a nivel mundial como ah actuado la mentira en la vida de muchas personas, y podemos ver que como este pecado de la mentira ah afectado a muchos hombres, mujeres, matrimonios, iglesias, gobiernos etc., han destruido sus vidas por causa de la mentira a través de este libro quiero expresar lo que es la mentira y sus consecuencias que puede tener en su vida.

De palabra de mentira te alejarás, y no matarás al inocente y justo; porque yo no justificaré al impío.Éxodo 23:7.

DEDICATORIA

Este libro lo quiero dedicar primeramente a Dios que me ha dado la oportunidad de escribir este documento, ya que sin Dios y sin su misericordia sería imposible escribirlo, y a mi esposa Claudia, y mi hijo Pablo que son mis ayudas fundamentales en mi ministerio.

PROLOGO

La mentira desde el principio ah existido desde que la serpiente,(diablo) engaño a la mujer en el huerto del edén, este libro de mis esposo le será muy útil para su vida de como el diablo ataca a través de la mentira, engañando, y desviando a las personas de la verdad. Recuerde que la única verdad está en Cristo Juan 14:6: yo soy el camino, la verdad y la vida; nadie viene al padre si no es por mi.

Claudia Carrillo.

QUE ES LA MENTIRA

La mentira en el ámbito psicológico

Una mentira es una declaración realizada por alguien que sabe, cree o sospecha que es falsa en todo o en parte, esperando que los oyentes le crean, de forma que se oculte la realidad o la verdad en forma parcial o total. Una cierta oración puede ser una mentira si el interlocutor piensa que es falsa o que oculta parcialmente la verdad. En función de la definición, una mentira puede ser una falsedad genuina o una verdad selectiva, exagerar una verdad, si la intención es engañar o causar una acción en contra de los intereses del oyente. Las ficciones, aunque falsas, no se consideran mentiras. Mentir es decir una mentira. A las personas que dicen una mentira, especialmente a aquellas que las dicen frecuentemente, se las califica de mentirosas. Mentir implica falsear intencionalmente y conscientemente. Tiene como sinónimos parciales: embuste, bola, calumnia, coba o falacia.

En otras palabras cuando la persona miente lo hace a conciencia, a sabiendas de lo que esta diciendo, para poder hacerse popular entre los demás, o generar la atención de un

círculo ya sea familiar, de amigos etc. Pero mi pregunta es ¿ De qué vale vivir en una mentira?, ¿ De qué vale decir algo que no es verdad que al final será descubierto al fin y al cabo?. Como dice el dicho popular " se pilla más rápido a un mentiroso que a un ladrón".
Aparte que la mentira tiene su definición, esta misma tiene características, las cuales producen una enfermedad.

CARACTERÍSTICAS DE LA MENTIRA

La mentira tiene características, según el área de la psicología, hay 8 tipos de personas mentirosas las cuales veremos de inmediato.

Los 8 tipos de mentiras

1. Mentiras piadosas
Podríamos decir que las mentiras piadosas son mentiras que tienen justificación y que, para muchos, son perdonables. Esto es porque las mentiras piadosas tienen una intención benevolente. Por ejemplo, si alguien nos regala algo que para ellos puede ser especial, pero que a ti no te gusta y, además, sabes que no lo vas a utilizar en tu vida. Seguramente le mientas y le digas que te ha encantado su regalo. Básicamente, en este ejemplo, la mentira se emplea para no herir los sentimientos de otra persona.

2. Promesas rotas
Las promesas rotas son un fracaso para mantener un compromiso previamente hablado, y se caracterizan porque hay una especie de contrato implícito. Las promesas rotas

pueden ser especialmente dañinas cuando la persona que hizo la promesa no tenía intención alguna de cumplir su palabra desde el inicio, porque generan esperanza en la otra persona. En ocasiones, puede ocurrir que una mentira piadosa sea también una promesa rota.

3.Mentiras intencionadas o instrumentales

Las mentiras intencionadas o instrumentales no tienen carácter benevolente, sino todo lo contrario: buscan el interés propio. Este tipo de mentiras tienen la característica de que se emplean para conseguir algo, por ejemplo, un puesto de trabajo.
Son muchas las personas que han mentido en el currículum vitae para conseguir un empleo. Como ves, estas mentiras no tienen porque tener una intención maliciosa. Aunque, en algunos casos, las personas pueden emplearlas para hacer daño a otro individuo.

4. Las mentiras hacia uno mismo (autoengaño)

Este tipo de mentiras son inconscientes y tienen que ver con nuestras creencias, porque nos cuesta ponerlas en duda. También, en ocasiones, nos es difícil aceptar la realidad y es más fácil mentirnos a nosotros mismos para evitar el miedo a la incertidumbre, pues así no tenemos que salir de la zona de confort.

La disonancia cognitiva es una de las causas más frecuentes del autoengaño. Un ejemplo clásico de este fenómeno es el de los fumadores. Éstos saben que fumar puede provocar cáncer, problemas respiratorios, fatiga crónica e, incluso, la muerte. Aún y así, la gran mayoría sigue fumando porque se autoengaña con frases como: “de qué sirve vivir mucho si no se puede disfrutar de la vida”.

5. Los rumores

Los rumores tienen que ver, más que con la intención, con el efecto que produce una mentira. Una de sus característica es que en los rumores participan varias personas. Un rumor es una información cuya veracidad está en duda o no puede corroborarse, porque no se sabe con con seguridad si es cierto. Alguien puede intencionadamente difundir un rumor aunque no tiene porque haber una intención de fondo.

6. La exageración

Seguro que alguna vez te has cruzado con alguien que tiende a exagerar todo lo que dice. Por ejemplo, que ha ligado con muchas chicas cuando en realidad solo ha tenido éxito con una. Pues bien, la exageración no es más que eso. Suelen ser historias que tienen algo de verídico, pero que se suelen exagerar para impresionar a los demás.
Además de las historias en las que se añaden mentiras, también existen las mentiras por omisión, caracterizadas porque la persona no se inventa la historia, pero omite datos relevantes.

7. El plagio

El plagio hace referencia no solamente a la mentira, sino también al robo. Consiste en copiar el trabajo de otro. El plagio es un acto serio y puede tener consecuencias legales.

8. Mentiras compulsivas

Las mentiras compulsivas son las mentiras que realizan, una y otra vez, los mentirosos compulsivos. Suelen ser causadas por un problema serio (por ejemplo, baja autoestima) por lo que estas personas suelen requerir atención. De hecho, un mentiroso compulsivo puede tener dificultades para detener su impulso de mentir, y suelen decir mentiras incluso cuando es más fácil decir la verdad.

Esto es lo que provoca la mentira, la mentira tiene pasos, no es cualquier cosa la mentira,este pecado silencioso llega a destruir tu círculo familiar, tu matrimonio, tu juntas de amigos etc. La mentira es una de las armas más poderosas y silenciosas del enemigo.

La biblia declara en el evangelio de Juan capítulo 10:10 " El ladrón (el diablo, no viene sino para hurtar y matar y destruir; yo he venido para que tengan vida, y para que la tengan en abundancia (énfasis añadido del autor).

El diablo viene a hurtar tu intimidad con Dios, viene a matar tu vida, y hurtar tu familia y una de las armas más poderosas es la mentira que actúa silenciosamente en la vida del ser humano.

LA ENFERMEDAD DE LA MENTIRA

La enfermedad de la mentira se llama mitomanía veremos su definición a continuación.

¿ Que es la mitomanía?
Mitomanía es mentir patológicamente. Es considerado un trastorno psicológico donde la persona esincapaz de dejar de mentir desdibujando la realidad.
La persona que padece de mitomanía siente que debe mentir porque necesita cambiar su realidad para hacerla más tolerable.
Síntomas de la mitomanía
La mitomanía se caracteriza porque la persona no miente sólo en un aspecto de su vida. Esta conducta es trasladada a todos los aspectos de su vida. En el plano laboral inventará una vida,

en el plano sentimental otra, y de tanto mentir se construye una vida que es una vida de fantasía.
Los psicólogos han definido algunas de las sensaciones o síntomas que un mitómano suele sentir: excesiva ansiedad, miedo constante a ser descubierto, búsqueda de aceptación constante, baja autoestima e impotencia.

Es una realidad en este mundo, Podemos ver que para ser acepto ante la sociedad, el ser humano debe ser importante, en toda la area de su vida pero la mayoría de las personas que cuentan anécdotas de sus vidas son solos mentiras y imaginaciones de su mente que hacen que la persona pueda ser acepta ante la sociedad sin darse cuenta que al mentir de una forma exagerada Que poco a poco se convierte en una trastorno psicológico Llamada mitomanía.

CONSECUENCIAS DE LA MENTIRA

Como toda enfermedad tiene concuensias esta no será la excepción.

1. Daño

La consecuencia más directa que surge de la mentira es el daño que hacemos a la persona que mentimos. Ésta, se siente engañada y traicionada lo que le hace tener sentimientos negativos asociados a sensaciones dolorosas.
Genera tristeza, amargor y pena.
Un caso especial en la mayoría son las mujeres que son traicionadas por el hombre engañadas con mentiras, las damas quedan con secuelas en su corazón y mente y un daño garvisimo que le costará volver a confiar en una nueva relación y lo más probable es que luego de tanto daño recibido por las mentiras pase a un estado de depresión.

2. Desconfianza

A largo plazo, una de las consecuencias más importantes es la desconfianza que genera en nosotros la persona que nos ha engañado. Debe pasar mucho tiempo y mostrar actos de verdadero cambio para que podamos volver a confiar.

La desconfianza rompe la armonía de una buena relación.

3. Ira

Es normal que cuando nos mienten sintamos ira. Nos cabreamos porque nos sentimos que han violado nuestros derechos y límites y por tanto percibimos la necesidad de defendernos y hacernos respetar.

Una correcta gestión de la ira evita males mayores.

4. Frustración

Cuando alguien en quien hemos puesto toda nuestra confianza nos muestra lo contrario, nos sentimos frustrados. Pensábamos que era de una manera y su actuación nos ha mostrado todo lo contrario.

Esta frustración puede llevarnos al alejamiento de la persona mentirosa

5. Tiempo
Como ya hemos comentado antes, una de las consecuencias más negativas de la mentira es el tiempo que se requiere para poder volver a confiar en esa persona que nos ha mentido. Una mentira puede cambiar una relación para toda la vida.

Solo el cambio profundo puede reducir este tiempo.

6. Soledad

El mentiroso cuando miente suele caer en la soledad. Se siente aislado puesto que ha traspasado los límites de una correcta convivencia y por tanto debe recluirse en sí mismo sintiéndose separado y excluido de lo aceptado.

La verdad tiene la virtud de unir y sentirnos en comunidad.

7. Baja Autoestima

Además, cuando una persona miente siente que no es capaz de comportarse de otra manera que seguro le gustaría y que a la larga le sería más beneficiosa. Se deja arrastrar por ese impulso de mentir sin poder hacer nada por evitarlo.

Muchas veces continuamos una mentira para disimular esta baja autoestima.

8. Culpabilidad

Por último habría que destacar el sentimiento de culpabilidad que tiene una persona cuando miente, puesto que en el fondo siente que está haciendo algo que seguro que a él no le gustaría que le hicieran.

En conclusion la mentira, daña a los seres queridos, Provoca desconfianza a tu alrededor, sentirán enojo y decepción en contra de tu persona, tendrás un grado desconfianza en tu círculo más íntimo, Te sentirás solo y sin amigos absolutamente solo, tu autoestima estará por el suelo, y sentirás la culpabilidad del peso de consciencia al saber que estas dañando a las personas que te aman.
Recuerde que es mejor decir la verdad que auto engañarse así mismo, recuerde lo que dice Juan 10:10 “El ladrón no viene sino para hurtar y matar y destruir”.

Vea ud estimado lector que le conviene más si estar con la verdad por delante sin dañar a nadie o con la mentira que será ruina total.
La mentira es una enfermedad mental por ende, todas las enfermedades psicológicas son producidas por los demonios La escritura dice “Señor, ten misericordia de mi hijo, que es lunático, y padece muchísimo; porque muchas veces cae en el fuego, y muchas en el agua.” Mateo 17 :15, habla de un muchacho lunático dando a entender, que está enfermedad es la famosa llamada epilepsia producida por un demonio, toda enfermedad mental o trastorno psicológicos, son producidas por un demonio como la esquizofrenia, la epilepsia y la mentira como veremos en capítulos más adelantes, daré la definición de las enfermedades ya nombradas y algunas otras enfermedades mentales no entraré en máximo de detalle para no ser tan extenso en este capítulo.

1. La esquizofrenia es un trastorno mental grave que afecta al p aciente deteriorando sus capacidades en diversos aspectos psicol ógicos, como el pensamiento, la percepción, las emociones o la voluntad.

Los pacientes esquizofrénicos pueden **perder el contacto con l a realidad**(psicosis), sufrir alucinaciones, delirios (creencias fals as), tener pensamientos anormales y alteración del funcionamien to social y laboral.

Etimológicamente significa «mente escindida». Con este término , se quería subrayar las alteraciones en el pensamiento que prese ntan las personas que la padecen.

El origen de la esquizofrenia no se conoce con certeza.

"SI SE DESCONOCE ESTA ENFERMEDAD SERÁ POSI BLE QUE SEA UNA ENFERMEDAD NORMAL, LA RES PUESTA ES NO"

2. La epilepsia es una enfermedad crónica del sistema nervioso central, que se manifiesta en forma de crisis inesperadas y espo ntáneas, desencadenadas por una actividad eléctrica excesiva de un grupo de neuronas hiperexcitables.

Para hablar de epilepsia hay que haber padecido, al menos, dos crisis.

Mas ampliamente la epilepsia es una enfermedad crónica del cer ebro que se manifiesta en forma de crisis epilépticas con tenden cia a repetirse.

Las crisis epilépticas por sí mismas no son una epilepsia, sino q ue son un síntoma o trastorno motivado por múltiples causas qu e producen irritación y funcionamiento anormal transitorio de la s neuronas

Otras enfermedades mentales

Hay una gran variedad de trastornos mentales, cada uno de ellos con manifestaciones distintas. En general, se caracterizan por una combinación de alteraciones del pensamiento, la percepción, las emociones, la conducta y las relaciones con los demás.
Entre ellos se incluyen la depresión, el trastorno afectivo bipolar, la esquizofrenia y otras psicosis, la demencia, las discapacidades intelectuales y los trastornos del desarrollo, como el autismo.
Hay estrategias eficaces para prevenir algunos trastornos mentales, como la depresión.
Se dispone de tratamientos eficaces contra los trastornos mentales y medidas que permiten aliviar el sufrimiento que causan.

Los pacientes deben tener acceso a la atención médica y los servicios sociales que les puedan ofrecer el tratamiento que necesitan. Además, es fundamental que reciban apoyo social. La prevalencia de los trastornos mentales continúa aumentando, causando efectos considerables en la salud de las personas y graves consecuencias a nivel socioeconómico y en el ámbito de los derechos humanos en todos los países.

Depresión

La depresión es un trastorno mental frecuente y una de las principales causas de discapacidad en todo el mundo. Afecta a más de 300 millones de personas en todo el mundo, con mayor prevalencia en las mujeres que en los hombres.

El paciente con depresión presenta tristeza, pérdida de interés y de la capacidad de disfrutar, sentimientos de culpa o baja autoestima, trastornos del sueño o del apetito, cansancio y falta de concentración. También puede presentar diversos síntomas físicos sin causas orgánicas aparentes. La depresión puede ser de larga duración o recurrente, y afecta considerablemente a la capacidad de llevar a cabo las actividades laborales y académicas y de afrontar la vida cotidiana. En su forma más grave, puede conducir al suicidio.

Se ha demostrado que los programas preventivos reducen su incidencia tanto en los niños (por ejemplo, mediante la protección y el apoyo psicológico en casos de maltrato físico o abuso sexual) y en los adultos (por ejemplo, mediante la asistencia psicosocial después de catástrofes naturales o conflictos bélicos).

Además, se dispone de tratamientos eficaces. La depresión de leve a moderada se puede tratar eficazmente con terapias que utilizan el diálogo, como la terapia cognitivo-conductual o la psicoterapia. Los antidepresivos pueden ser un tratamiento eficaz para la depresión de moderada a grave, pero no son el tratamiento de elección para la depresión leve. Tampoco se deben emplear para tratar la depresión infantil y no son el tratamiento de elección en los adolescentes, a quienes se deben prescribir con cautela.

En el tratamiento de la depresión se tienen en cuenta los aspectos psicosociales y se determinan los factores que pueden causar estrés, como las dificultades económicas, los problemas en el trabajo y el maltrato físico o psicológico, así como las fuentes de apoyo, como los familiares y amigos. El mantenimiento o la recuperación de las redes y las actividades sociales son también importantes.

Trastorno afectivo bipolar

Este trastorno afecta a alrededor de 60 millones de personas en todo el mundo. Se suele caracterizar por la alternancia de episodios maníacos y depresivos separados por periodos de estado de ánimo normal. Durante los episodios de manía, el paciente presenta un estado de ánimo exaltado o irritable, hiperactividad, verborrea, autoestima elevada y una disminución de la necesidad de dormir. Las personas que presentan solamente episodios maníacos y no sufren fases depresivas también se clasifican dentro del diagnóstico de trastorno bipolar.

Se dispone de medicamentos que estabilizan el estado de ánimo con los que atajar eficazmente las fases agudas del trastorno bipolar y prevenir las recidivas. Además, el apoyo psicosocial es un elemento esencial del tratamiento.

Esquizofrenia y otras psicosis

La esquizofrenia es un trastorno mental grave que afecta a alrededor de 21 millones de personas de todo el mundo. Las psicosis, entre ellas la esquizofrenia, se caracterizan por anomalías del pensamiento, la percepción, las emociones, el lenguaje, la percepción del yo y la conducta. Las psicosis suelen ir acompañadas de alucinaciones (oír, ver o percibir algo que no existe) y delirios (ideas persistentes que no se ajustan a la realidad de las que el paciente está firmemente convencido, incluso cuando hay pruebas de lo contrario). Estos trastornos pueden dificultar que la persona trabaje o estudie con normalidad.

La estigmatización y la discriminación se pueden traducir en una falta de acceso a los servicios sociosanitarios. Además, hay un riesgo elevado de que no se respeten los derechos humanos de las personas afectadas, por ejemplo mediante su internamiento prolongado en centros psiquiátricos.

La esquizofrenia suele debutar al final de la adolescencia o el principio de la edad adulta. El tratamiento con fármacos y apoyo psicosocial es eficaz. Con un tratamiento adecuado y apoyo social, los pacientes pueden llevar una vida productiva e integrarse en la sociedad. La facilitación de la vivienda asistida, las subvenciones para la vivienda y las ayudas para la inserción laboral son medidas de apoyo para que las personas que padecen trastornos mentales graves, como la esquizofrenia, vayan superando etapas en su rehabilitación y superen los obstáculos que les dificultan encontrar y mantener un empleo y una vivienda.

Demencia

En el mundo hay unos 47,5 millones de personas que padecen demencia. Este trastorno de naturaleza crónica y progresiva se caracteriza por el deterioro de la función cognitiva (es decir, la capacidad para procesar el pensamiento) más allá de lo que podría considerarse consecuencia del envejecimiento normal. La demencia afecta a la memoria, el pensamiento, la orientación, la comprensión, el cálculo, la capacidad de aprendizaje, el lenguaje y el juicio. El deterioro de la función cognitiva suele ir acompañado, y en ocasiones es precedido, por el deterioro del control emocional, el comportamiento social o la motivación.

La demencia es causada por diversas enfermedades y lesiones que afectan al cerebro, como la enfermedad de Alzheimer o los accidentes cerebrovasculares.

Aunque no se dispone de tratamientos que curen la demencia o reviertan su evolución progresiva, se están investigando varios fármacos nuevos que se encuentran en diversas etapas de los estudios clínicos. Sí existen, en cambio, numerosas intervenciones para apoyar y mejorar la vida de las personas con demencia y la de sus cuidadores y familiares.

Trastornos del desarrollo, incluido el autismo

El concepto de trastorno del desarrollo es un término general que abarca la discapacidad intelectual y los trastornos generalizados del desarrollo, entre ellos el autismo. Los trastornos del desarrollo suelen debutar en la infancia pero tienden a persistir hasta la edad adulta, causando una disfunción o un retraso en la maduración del sistema nervioso central. Por lo general, no se caracterizan por periodos de remisión y recidivas como muchos otros trastornos mentales, sino que siguen un patrón constante.

La discapacidad intelectual se manifiesta por la afectación de facultades de diversas áreas del desarrollo, como las habilidades cognitivas y la conducta adaptativa. El retraso mental afecta a la capacidad de adaptarse a las exigencias cotidianas de la vida.

Los síntomas de los trastornos generalizados del desarrollo, como el autismo, son alteraciones del comportamiento social, la comunicación y el lenguaje, así como limitaciones específicas de cada individuo con respecto a sus intereses y actividades, que realiza repetidamente. Los trastornos del desarrollo suelen iniciarse en la infancia o la primera niñez. En ocasiones, las personas afectadas presentan un cierto grado de discapacidad intelectual.

La participación de la familia en el cuidado de las personas con trastornos del desarrollo es fundamental. Es importante conocer las situaciones y actividades que causan tensión o reportan bienestar al individuo, así como encontrar el entorno más adecuado para el aprendizaje. El establecimiento de rutinas diarias, fijando momentos concretos para las comidas, el juego, el aprendizaje, el contacto con los demás y el sueño, ayuda a evitar el estrés innecesario. También es importante que los servicios de salud hagan un seguimiento regular a los niños y adultos que presentan trastornos de desarrollo y que se mantengan en contacto con sus cuidadores.

Asimismo, la sociedad en general debe implicarse en velar por que se respeten los derechos y las necesidades de las personas discapacitadas

Al leer ud querido lector estas enfermedades mentales, (sin tocar la mentira que ya está definida), saque ud mismo sus conclusiones si estas enfermedades son normales en el ser humano o son producidas por el mismo diablo que quiere ver eeste mundo absolutamente destruido.

QUE DICE LA BIBLIA ACERCA DE LA MENTIRA

Cuando nos convertimos a Dios, unas de las cualidades de mostrar nuestro convertimiento es dejar de mentir, dejar el engañó y la falsedad, ser genuino verdadero y sobre todo transparente para tener una credibilidad ante la la humanidad que realmente Dios a través de su Espíritu Santo ah cambiado nuestro ser.
La biblia dice En cuanto a la pasada manera de vivir, despojaos del viejo hombre, que está viciado conforme a los deseos engañosos, y renovaos en el espíritu de vuestra mente, y vestíos del nuevo hombre, creado según Dios en la justicia y santidad de la verdad. Por lo cual, desechando la mentira, hablad verdad cada uno con su prójimo; porque somos miembros los unos de los otros.

Efesios 4:22-25. Pablo es este pasaje no apela a la ley moral que prohibía la mentira, si no a nuestra condición de comiembros de Cristo. Si el cerebro enviase mensajes falos a los pies, el individuo podría sufrir una caída con la que el propio cerebro podría sufrir daños irreparables, en otras palabras las mentiras provocan un daño que ya no se puede reparar fácilmente en una relación, en una iglesi, etc. Por eso Pablo es enfático al decir que hay que dejar el viejo hombre que es la mentira si no hablar verdad entre nosotros que somos hijos de Dios. Donde no hay sinceridad en el trato mutuo, no es posible que proespere la comunión.
¡El mundo considera hoy en día que la verdad es opcional! Las mentiras y el engaño están en cada esquina de nuestra sociedad porque el príncipe de este mundo es el Padre de las mentiras (Juan 8:44).

"Así que dejen de decir mentiras. Digamos siempre la verdad a todos porque nosotros somos miembros de un mismo cuerpo" Efesios 4:25

Una encuesta reciente indica que el 66% de las personas dicen que no está mal decir mentiras. Dios dice que mentir es una intención de engañar y cuando decimos una "mentira blanca" o "media verdad" es una mentira y punto.

Como Cristianos nuestra vida tiene que estar permeada con la verdad. Cuando nacimos de nuevo Dios puso el Espíritu de Verdad en nosotros (Juan 16.13). El trabajo del Espíritu Santo es guiarnos a toda verdad.

La mentira es solo un producto de un problema mucho más profundo. Una vez que entiendas las motivaciones por las cuales mientes puedes también tratar con el habito de mentir.

Pero que es lo que lleva a la persona cristiana a mentir sabemos que en el mundo hay mentiras por doquier, ya sea en el mundo político, en el mundo deportivo, en el mundo de la farándula etc. Eso es el el mundo pero en la vida cristiana eso no debería estar veamos.

1. La mentira Cobarde.

Este es el tipo de mentira que dices para escapar de las consecuencias y el castigo. Estás tratando de protegerte y prevenir el dolor. El miedo es la motivación detrás de una mentira cobarde y la Biblia dice que el remedio para el temor es llenarse de amor (1 Juan 4.18).

2. La mentira Presumida.

Esto es cuando mientes para impresionar. Estás tratando de crear o proteger tu imagen. Alardear y mentir son primos hermanos. Cuando exageras es una mentira. La inseguridad personal es la motivación detrás de esta mentira y la Biblia dice que podemos tener total seguridad en Cristo porque fuimos hechos a su imagen (Efesios 3.12).

3. La mentira Calculada.

Este es el tipo de mentira utilizada para manipular a otras personas. Esta mentira es motivada por la codicia o el egoísmo. Si amas el dinero, usarás una mentira calculada para obtenerlo y el corazón, que es engañoso, te apoyara para lograrlo (Jeremías 17.9).

4. La mentira Conveniente.

La mentira conveniente decimos porque cuesta mucho decir la verdad. Se necesita energía y coraje para decir la verdad. La pereza es la motivación detrás de la mentira conveniente y esta te llevara a la ruina (Proverbios 13.4).

Después de ver estos puntos bíblicos y ver que la mentira te llevará a la ruina me gustaría hechar un vistazo hacia la historia de donde proviene esto cuando se inició y se desarollo en el mundo.

LA MENTIRA PROVIENE DEL DIABLO

El padre u originador de la mentira es Satanás el Diablo. (Jn 8:44.) Su mentira, transmitida por medio de una serpiente a Eva, la primera mujer, resultó finalmente en la muerte tanto de ella como de su esposo Adán. (Gé 3:1-5, 16-19.) Aquella primera mentira nació de un deseo egoísta e incorrecto. Su propósito era desviar el amor y la obediencia de la primera pareja humana hacia el mentiroso, que se hizo pasar por un "ángel de luz" o un benefactor. (Compárese con 2Co 11:14.) Todas las demás mentiras maliciosas que se han pronunciado desde entonces han sido también la expresión de un deseo egoísta e incorrecto. Se miente para escapar de un castigo merecido, beneficiarse a expensas de otros o conseguir o mantener ciertas ventajas, recompensas materiales o la alabanza de los hombres.

Como puede ver la mentira es originada del diablo, ya que el enemigo es lo contrario de Dios, si nuestro Señor es verdad y diablo será mentira, si Jehová en su palabra habla verdad, Santanas querra distorcinorar la escritura por todo el mundo, el engañador siempre hará lo imposible por hacerte creer algo que no es por que el es mentiroso y su único fin es destruirte a través de esta arma poderosa y silenciosa que es la mentira.

Esta mentira que es a la oposición de Dios es La mentira por antonomasia es la negación y oposición a Cristo, negando el testimonio de Dios (1 Jn 2:22),(1 Jn 5:10).
Como lo hizo con Eva que el distorciono la plabara haciendole creer a Eva que podía ser igual a Dios (vea Genesis 3).

El diablo se aunto engaño desde el princio. El ha sido homicida desde el principio, y no ha permanecido en la verdad, porque no hay verdad en él. Cuando habla mentira, de suyo habla; porque es mentiroso, y padre de mentira.
Juan 8:44.
Y en 1 Juan 3:8 se dice: "El que practica el pecado es del diablo, porque el diablo ha pecado desde el principio".
Algunos ven una doble referencia en Isaías 14:12-15 y en Ezequiel 28:11-19. Es decir, una referencia directa al rey de Babilonia y el rey de Tiro, pero también una descripción más detallada de la caída de Satanás.
En estos pasajes de Isaías y Ezquiel dice lo siguiente

¡Cómo caíste del cielo, oh Lucero, hijo de la mañana! Cortado fuiste por tierra, tú que debilitabas a las naciones. Tú que decías en tu corazón: Subiré al cielo; en lo alto, junto a las estrellas de Dios, levantaré mi trono, y en el monte del testimonio me sentaré, a los lados del norte; sobre las alturas de las nubes subiré, y seré semejante al Altísimo. Mas tú derribado eres hasta el Seol, a los lados del abismo.
Isaías 14:12-15

Hijo de hombre, levanta endechas sobre el rey de Tiro, y dile: Así ha dicho Jehová el Señor: Tú eras el sello de la perfección, lleno de sabiduría, y acabado de hermosura. En Edén, en el huerto de Dios estuviste; de toda piedra preciosa era tu vestidura; de cornerina, topacio, jaspe, crisólito, berilo y ónice; de zafiro, carbunclo, esmeralda y oro; los primores de tus tamboriles y flautas estuvieron preparados para ti en el día de tu creación. Tú, querubín grande, protector, yo te puse en el santo monte de Dios, allí estuviste; en medio de las piedras de fuego te paseabas. Perfecto eras en todos tus caminos desde el día que fuiste creado, hasta que se halló en ti maldad. A causa de la multitud de tus contrataciones fuiste lleno de iniquidad, y pecaste; por lo que yo te eché del monte de Dios, y te arrojé de entre las piedras del fuego, oh querubín protector. Se enalteció tu corazón a causa de tu hermosura, corrompiste tu sabiduría a

causa de tu esplendor; yo te arrojaré por tierra; delante de los reyes te pondré para que miren en ti. Con la multitud de tus maldades y con la iniquidad de tus contrataciones profanaste tu santuario; yo, pues, saqué fuego de en medio de ti, el cual te consumió, y te puse en ceniza sobre la tierra a los ojos de todos los que te miran. Todos los que te conocieron de entre los pueblos se maravillarán sobre ti; espanto serás, y para siempre dejarás de ser.
Ezequiel 28:12-19

Aquí estimadores lectores podemos ver como el enemigo se engaño asi mismo creyendo el que podía ser como Dios, pero nunca lo podrá ser el es solo un imitador, un usurpador y metiroso ¡Tenga cuidado, hable siempre con la verdad por que en el momento que ud diga una mentira el diablo tratara de enfermarlo y matarlo con su poderosa arma silenciosa!.

CONSECUENCIAS DE LA MENTIRA EN LA BIBLIA

Obviamente hay consecuencias en la biblia acerca de la mentira, y consecuencias de muerte y graves por que Dios no puede ser burlado, Dios conoce todo y nada se le escapa.

Hechos 5:1-11

Pero cierto hombre llamado Ananías, con Safira su mujer, vendió una heredad, y sustrajo del precio, sabiéndolo también su mujer; y trayendo sólo una parte, la puso a los pies de los apóstoles. Y dijo Pedro: Ananías, ¿por qué llenó Satanás tu corazón para que mintieses al Espíritu Santo, y sustrajeses del precio de la heredad? Reteniéndola, ¿no se te quedaba a ti? y vendida, ¿no estaba en tu poder? ¿Por qué pusiste esto en tu corazón? No has mentido a los hombres, sino a Dios. Al oír Ananías estas palabras, cayó y expiró. Y vino un gran temor sobre todos los que lo oyeron. Y levantándose los jóvenes, lo envolvieron, y sacándolo, lo sepultaron. Pasado un lapso como de tres horas, sucedió que entró su mujer, no sabiendo lo que había acontecido. Entonces Pedro le dijo: Dime, ¿vendisteis en tanto la heredad? Y ella dijo: Sí, en tanto. Y Pedro le dijo: ¿Por qué convinisteis en tentar al Espíritu del Señor? He aquí a la puerta los pies de los que han sepultado a tu marido, y te sacarán a ti. Al instante ella cayó a los pies de él, y expiró; y cuando entraron los jóvenes, la hallaron muerta; y la sacaron, y la sepultaron junto a su marido. Y vino gran temor sobre toda la iglesia, y sobre todos los que oyeron estas cosas.

Analicemos bien este pasaje biblico.

Ellos también (Ananías y Zafira), al igual que Bernabe vendieron su heredad y pusieron su dinero (no todo) a los pies de los apóstoles. Fueron hipócritas ya que servían a su propia codicia y ambición. Por su codicia se quedaron con parte del dinero, codisiaban las riquezas del mundo y desconfiaban de Dios y de su providencia.
No confiaron en la palabra Dios de que él proveerá, si no que pensaron que podían pasar por más listos que Dios, pero es imposible ya que Dios es omniciente todo lo sabe y salieron al descubierto pensando que podían engañar a unos hombres que estaban llenos del poder del Espíritu Santo. Luego vino el proceso por su mentira, la ejecución por el pecado, cuando le llevó el dinero a Pedro paso lo siguiente, Ananías fue reprendido por severamente por su pecado. El Espíritu de Dios en Pedro no sólo descubrió el hecho,si no también el secreto agente en el corazón de Ananías, por el que había sido

impulsado a obrar con tal hipocresía y mentira. Es de notar que si hubiera sido un pecado de pura debilidad ante una inesperada tentación, Pedro le habría enviado a cada a que se arrepintiera de su necedad, pero en lugar de ello, Pedro le mostró lo siguiente:

A) El origen de su pecado Satanás le había llenado el corazón, no sólo le había sugerido el pecado, si no que, tras sugerirle la idea, le había incitado a tomar la pronta resolución de ponerlo por obra.

B) El pecado mismo: consistió en mentirle al Espíritu Santo, un pecado tan abominable que sólo a Satanás se le hubiera ocurrido.
La mentira de Ananías era clara, pues dijo a los apóstoles que había vendido un campo y que el precio que le llevaba era el precio correcto; para poder tener aceptación en la iglesia de aquel entonces , hay muchos que son inducidos a mentir por el orgullo y el deseo de recibir los aplausos de los hombres, en especial en las obras de caridad, y exageran en la calidad de sus obras que hacen, y en esto se parecen a Ananías en MENTIR AL ESPÍRITU SANTO, implica que Dios quien actuaba en los apóstoles y que era como si Dios mismo recibiese el dinero.

Por consiguente la mentira de este hombre tuvo consecuencias fatales en su vida, murió mediante la reprension de Pedro. Podrá parecer severo el castigo de Ananías pero fue justo, por que Dios es justo, si todos los que vendieronsu propiedades, casas, y pagaron el precio justo, y Ananías que vendió lo que tenia y no trajo el dinero correcto, ¿Dios lo tendría por inocente, o pasaría por alto tal pecado?, ¡Claro, que no!, DIOS NO PUEDE SER BURLADO, ASÍ QUE PIENSE BIEN EN MENTIR A DIOS, SI LO HACE PODRÁ TENER SERIAS CONCECUENCIAS CON EL SEÑOR.

MENTIRAS QUE ALGUNOS CRISTIANOS DICEN

Aquí les dejo algunas mentiras que los cristianos dicen.

1. Orare por ti(nunca lo hacemos y cuando vemos a la per sona nos dice, oh gracias mi problema se resolvió y le deci mos ya vez como Dios contesta)

2. Dios te prometo que si me sacas de esta te serviré. (q ueremos hacer un intercambio con Dios, su favor o miseric ordia por mi servicio, lo cual NO cumplimos cuando Dios nos ayuda)

3. Estaba orando y Dios me hablo (mas bien estaba viend o la televisión y se me ocurrió algo, solamente lo disfrazam os)

4. Dios me dijo que tu ibas a ser mi esposa (el clásico e spiritual queriendo conquistar a una joven de la Iglesia)

5. Dios me dijo que me dieras tu.... (un ladrón disfrazado de cristiano)

6. Dios me dio una palabra para ti (ten cuidado, quiere p edirte algo)

7. Estoy en el ministerio para servir a Dios (y hacerme r ico si puedo)

8. Platícame tu problema para orar por ti (jeje la chism osa de la iglesia)

9. Dios quiere que sigamos adorando hermanos(lo que p asa es que el pastor no se preparo para predicar)

10. Dios quiere que haga otra cosa (para no decir me arr epiento de la decisión que tome).

Alomejor lo puede tomar con humor pero es la verdad men tiras que los cristianos dicen por sentirse importante, por se r aceptado en el liderazgo de la iglesia y un sin fin de cosa s más, pero si ud quiere ser aceptado y tener una posición dentro de una congregación no mienta solo espere su tiemp o en Dios, y él lo honrará en su debido tiempo.

Y así un sin fin de mentiras "piadosa", que el cristiano dice como las que le dejare a continuación.

1. El famoso viejito pascuero: ¿Ud cree realmente que este hombre existe, perdónenme niños y niñas, por arruinarle su infancia, pero este hombre no existe este hombre es inventa do para poder pasar una simple fiesta en familia, ¿cuántos padres cristianos han dicho a sus hijos diciendo que este vi ejito vestido de rojo existe?, no mienta más estimados padr es, diga la verdad y no engañe a sus hijos que ud ama, por que en el día que se entere que este hombre no existe com o se sentirá su hijo ¿bien o decepcionado de ud?, obviamen te que mal por estará creyendo por años en algo que no exi ste.

2. El conejo de pascua: Esta mentira ya es una barbaridad,
que aun cristianos celebren esto en medio de una fecha imp
ortante para el mundo cristiano, (muerte y resurrección de
Cristo), en celebrar algo que no tiene sentido, ud podrá deci
r hermano por que no tiene sentido yo le voy a decir por q
ue ¿ud a visto algunas vez a un conejo poner huevos?, no
verdad por que va encontrá de su naturaleza, y ¿ y por que
miente a sus hijos?, haciendole creer esto que un conejo vie
ne y pone huevos y más encima los esconde (risas...), sea s
incero con sus hijos y estudie bien el significado de esta fíe
sta pagana.

3. El ratón de los dientes: Cuántos padres cristianos han dic
ho esta mentira, cuando a sus hijos se le cae su primer dien
tesito, los papas les dice “hijo coloque su diente debajo de
la almohadilla que va a venir el ratoncito de los dientes y d
e pondrá una moneda”. Claro como no, que gentil el ratonc
ito venir y colocar un moneda a su hij, morderle vendrá el
ratón (jajaja). Sea sincero con su hijo, por que si sus padres
los crían con mentiras tan simples como estas como cree u
d que serán sus hijos.

Ud podrá decir que duró que exagerado, pero lo digo por q ue también soy padre, también soy esposo, y no seria capaz de decirle mentiras a mi hijo ¿sabe por que?, por que lo a mo, recuerde la mentira es contrario con el amor.

La mentira nos lleva a que otros pequen, porque a l descubrirnos, ellos nos juzgarán y así ellos están transg rediendo el mandamiento de no juzgar.

Otra de las cosas que nos afecta el mentir es que nos baja la autoestima, porque siempre estamos acomodando las situaciones con una mentira más, y finalmente nos sentimos incapaces de enfrentar la realidad ya que hemos creado todo un mundo a base de mentiras y miren como nos llama el mismo Jesucristo en Juan 8:44 “Vosotros sois de

vuestro padre el diablo, y los deseos de vuestro padre quer éis hacer. El ha sido homicida desde el principio, y no ha p ermanecido en la verdad, porque no hay verdad en él. Cuan do habla mentira de lo suyo habla; porque es mentiroso y padre de la mentira.”

Dios nos libre de tan horrendo padre, pues como lo describe nuestro Señor Jesucristo no hay duda que lo primero que hará es inducirnos al pecado de mentir para que consecuentemente perdamos nuestra salud mental, pues un mentiroso puede llegar hasta la locura y por ende nuestra salud física, la cual también se afecta grandemente, (presión alta, problemas cardiacos, estomacales , etc.) , esto no quiere decir que todas las enfermedades procedan de la mentira pues

muchas enfermedades si son puramente físicas nada que ver con lo espiritual, pero consideremos la mentira como una de las posibles causas, ya que si fuera así , nuestra curación fuera mucho más fácil ya que solo tendríamos que arrepentirnos, pedir perdón y no volverlo hacer nunca más.

Finalmente les puedo decir que es cuestión de decisión, he conocido personas muy buenas, pero muy mentirosas y han decidido no hacerlo más, claro está esto solo se puede lograr si está el Espíritu Santo para recordarle en cada momento la promesa que ha hecho y vieran he escuchado el testimonio de cada una de estas personas y ellas cuentan que en el momento que han dicho algo equivocado sienten una vocecita muy dentro de su corazón diciéndole " esto no estuvo bueno" y al sentir la culpa de haber fallado procuran que cada vez sea menos hasta llegar a no decirlas más.

La mentira es contraria al amor, porque Dios es amor y verdad, como consecuencia si mentimos nos estamos alejando de Dios y con terribles consecuencias ; la misma Palabra dice en Apocalipsis 21:8 "Pero los cobardes e incrédulos, los

abominables y homicidas, los fornicarios y hechiceros, los idólatras y todos los mentirosos tendrán su parte en el lago que arde con fuego y azufre, que es la muerte segunda".
Quizá toda nuestra vida ha sido buena y por una mentira podemos perder nuestra salvación, pensémoslo, meditemos estas últimas palabras y arrepintámonos y regresemos al camino correcto, leamos la palabra y allí encontrará la dirección correcta para su vida y una vida de amor y de verdad en la cual tenemos libertad.
Que dice Dios sobre la mentira

Proverbios 6:17

Los ojos altivos, la lengua mentirosa, Las manos derramadoras de sangre inocente,

Dios aborrece seis cosas y aún siete abomina su almas pero como estamos hablando de la mentira en este libro, no centrersmetis en la última parte de lo que Dios abomina.

LA LENGUA MENTIROSA.

Dios aborrece la mentira, porque destruye familias, iglesias,
trabajos. Todos los que practican el pecado de la mentira es
tán reflejando que son hijos del Diablo. ¿Se oye fuerte? Ve
amos lo que dice Jesús: "Vosotros sois de vuestro padre el
diablo, y los deseos de vuestro padre queréis hacer. Él ha s
ido homicida desde el principio, y no ha permanecido en la
verdad, porque no hay verdad en él. Cuando habla mentira,
de suyo habla; porque es mentiroso, y padre de mentira." (J
n. 8:44)

Y por si fuera poco la Biblia también dice. "Y la lengua es
un fuego, un mundo de maldad. La lengua está puesta entr
e nuestros miembros, y contamina todo el cuerpo, e inflama
la rueda de la creación, y ella misma es inflamada por el i
nfierno".

Y los mentirosos no entran al reino de los cielos. "Pero los
cobardes e incrédulos, los abominables y homicidas, los for
nicarios y hechiceros, los idolatras y todos los mentirosos te
ndrán su parte en el lago que arde con fuego y azufre, que
es la muerte segunda".

Guarda tu boca al hablar. No digas ni ames las mentiras, ni
jures por nada. Evita caer en este tipo de práctica que el S
eñor Abomina. Él nos exhorta y dice: "Guarda tu lengua de
l mal, y tus labios de hablar engaño, Apártate del mal, y ha
z el bien; Busca la paz y síguela" (Sal. 34:13-14).

Este es uno de los vicios que con más frecuencia recrimin an los sabios, lo cual indica que se trata de algo muy detest able. Odiosa a Dios, que es la suma Verdad, lo es también a los hombres,porque turba la mutua confianza y la c oncordia entre ellos.

Todo creyente en Cristo debe rechazarla. El Proverbio 13:5 dice: El justo aborrece la palabra de mentira. El apóstol Pa blo nos exhorta: En cuanto a la pasada manera de vivir, des pojaos del viejo hombre, que está corrompido por los deseo s engañosos, renovaos en el espíritu de vuestra mente, y ve stíos del nuevo hombre, creado según Dios en la justicia y santidad de la verdad. Por eso, desechando la mentira, habl ad verdad cada uno con su prójimo, porque somos miembro s los unos de los otros.(Ef. 4:22-25) El origen de la mentir a está en Satanás que presentó una falsa imagen de Dios a Eva, empujando a la primera pareja, y por ende a toda la r aza humana, a la muerte. Ése fue el primer engaño de la hi storia.

El engaño es la esencia de la mentira la cual lleva a los se res humanos a la perdición. La Biblia nos da ejemplos de d iferentes tipos de mentiras. La mentira directa, como fue el caso de Ananás y Safira. La media verdad, como cuando A braham dijo a Abimelec que Sara era su hermana. La menti ra también puede ser una respuesta evasiva como la que Ca ín dio a Dios cuando mató a Abel' puede ser también un si lencio, como el de Judas Iscariote cuando Jesús lo acusó in directamente durante la última cena. Y también están los q ue tratan de vivir una vida completamente engañosa, aparen tando ser lo que no son. Los seres humanos se pueden men tir a sí mismos, confundiendo la realidad con sus propios d eseos. Pueden mentir unos a otros, y hasta tratan de mentir a Dios, aunque a Dios no pueden engañarlo. La mentira es aborrecida por Dios porque destruye la comprensión de la realidad. La mentira destruye la confianza entre los hombres , oscurece el entendimiento y lleva al ser humano a la destr ucción eterna.

Cristo es la luz del mundo y es lo único que puede saca al ser humano de las tinieblas en que vive por causa del peca do Medita en las siguientes palabras del Señor Jesús: Vosot ros sois de vuestro padre el diablo, y los deseos de vuestro padre queréis hacer. Él ha sido homicida desde el principio y no ha permanecido en la verdad, porque no hay verdad e n él. Cuando habla mentira, de suyo habla, pues es mentiro so y padre de mentira. Pero a mí, que digo la verdad, no m e creéis. ¿Quién de vosotros puede acusarme de pecado?[1] Y si digo la verdad, ¿por qué vosotros no me creéis? El que es de Dios, las palabras de Dios oye; por esto no las oís v osotros, porque no sois de Dios. (Jn. 8:44-47).

Dios aborrece la mentira por que el es verdad, por que él n o tiene engaño en su boca, Dios no esta de acuerdo con la mentira, ni nunca será compatible con aquello por que el es verdad, su palabra es verdad, y todo lo que el haga será tr asparente y sincero.

Ahora por que el cristiano miente ud podrá decir que no pe ro la mentiras frecuentes que ud puede decir son las siguien tes aun dentro de la iglesia y Dios aborrece.

1. El pastor de una iglesia lo puede hacer predicar y la me ntira más frecuente es: “ Ahh, mi pastor estoy enfermo no podre ir ese día, que otro predique”, siendo que nunca estu vo enfermo solo es una escusa (mentira), para no trabajar a Dios.

2. Cuando se cita a orar en la madruga en la iglesia la men tira más frecuente es: “Mi pastor o mi hermano, no podre i r por que tengo que trabajar, o tengo que al hospital hacer

un examen".(no se trate de convivencia, pff hay van todos hasta los que nunca han ido).

3. Cuando se llama ayunar la mentira más frecuente es: "M i pastor, no puedo ayunar, estoy enfermo tengo diabetes, mi pastor no puedo ayunar, me puedo descompensar y así un sin fin de escusas", y no saben que están declarando con su boca que están enfermo sabiendo que la boca tiene poder , según este pasaje biblico: La muerte y la vida están en po der de la lengua, Y el que la ama comerá de sus frutos (Pr overbios 18:21).

Ud al decir esta mentira esta declarando con su boca que u d esta enfermo, de ud que padece enfermedad después por que estoy enfermo, por que estoy mal etc. Si ud lo declaró, ¡ Sea sincero, sea transparente con, su líder, con su pastor, y sobre todo con Dios!.

LA MENTIRA ES UN ESPíRITU MALIGNO

En este pasaje de la poderosa palabra de Dios quedará com probado que la mentira es del diablo.

Dios envía un espíritu de mentira: 1º Reyes 22:22: "Él dijo: Yo saldré, y seré espíritu de mentira en boca de todos sus profetas. Y él dijo: Le inducirás, y aun lo conseguirás; ve, pues, y hazlo así". Dios no puede mentir: Tito 1:2: "en la e speranza de la vida eterna, la cual Dios, que no miente, pro metió desde antes del principio de los siglos".
Repasemos el contexto del pasaje de 1º Reyes 22:20-23: "Y Jehová dijo: ¿Quién inducirá a Acab, para que suba y caig a en Ramot de Galaad? Y uno decía de una manera, y otro

decía de otra. 21 Y salió un espíritu y se puso delante de J
ehová, y dijo: Yo le induciré. Y Jehová le dijo: ¿De qué m
anera? 22 Él dijo: Yo saldré, y seré espíritu de mentira en
boca de todos sus profetas. Y él dijo: Le inducirás, y aun l
o conseguirás; ve, pues, y hazlo así. 23 Y ahora, he aquí Je
hová ha puesto espíritu de mentira en la boca de todos tus
profetas, y Jehová ha decretado el mal acerca de ti".

¿Necesita Dios hacer preguntas para averiguar acerca de alg
o como si no supiera? ¿Estaba tratando de encontrar una re
spuesta a lo que iba a suceder? ¡Claro que no!

Dios conoce todas las cosas: 1ª Juan 3:20: "pues si nuestro
corazón nos reprende, mayor que nuestro corazón es Dios,
y él sabe todas las cosas".

Dios predestinó todas las cosas que han de suceder: Efesios
1:11: "En él asimismo tuvimos herencia, habiendo sido pre
destinados conforme al propósito del que hace todas las cos
as según el designio de su voluntad".

Y con relación al caso de 1º Reyes 22, Él ya sabía quién d
aría un paso adelante para llevar a cabo el engaño. Dios, si
mplemente estaba llevando a cabo Su plan soberano de lo q
ue había predestinado que iba a ocurrir; en este caso, la des
trucción de Acab al usar a uno de los falsos profetas de est
e rey. Por favor, considere lo siguiente:

Hechos 4:27-28: "Porque verdaderamente se unieron en esta
ciudad contra tu santo Hijo Jesús, a quien ungiste, Herodes

y Poncio Pilato, con los gentiles y el pueblo de Israel, 28
para hacer cuanto tu mano y tu consejo habían antes determ
inado que sucediera".

En el caso de Hechos, Dios predestinó la muerte de Jesús a
manos de "Herodes y Poncio Pilato, los gentiles y el puebl
o de Israel". Sin embargo, no fue Dios quien los obligó a e
llos a pecar. Cuando decimos que Dios ordena o que ha pre
destinado que algo malo suceda, estamos diciendo que Él p
ermite que esto suceda por Su voluntad soberana. A esto se
le conoce como la voluntad permisiva de Dios. Está en Su
voluntad el permitirlo debido a que esto forma parte de Su
gran plan. O sea, Él lo planeó para que sucediera. Él tiene
la voluntad para cambiarlo, pero decide no hacerlo.

De igual forma, en 1º Reyes 22:22, Dios nos estaba revelan
do la realidad del mundo espiritual, aunque en términos hu
manos, de Su plan soberano ordenado por el cual, Acab ser
ía destruido por el consejo mismo de sus falso profetas.

¿Significa esto que Dios, el cual envió un espíritu de menti
ra, es un engañador? No. El que Dios haya enviado un espí
ritu de mentira, no significa que Él sea un engañador. Simp
lemente, Él estaba enviando una fuerza demoníaca, para per
mitir dentro de Su naturaleza divina, hacer algo que era par
te del gran plan de Dios.

Ud debe saber que Dios manda los espíritus, ya que él es e l dueño de todas las cosas como dice en en este pasaje Bib lico.

Por otra parte, tuvimos a nuestros padres terrenales que nos disciplinaban, y los venerábamos. ¿Por qué no obedeceremo s mucho mejor al Padre de los espíritus, y viviremos? Hebreos 12:9.
El diablo no hace nada si Dios no lo permite, el diablo esta a las órdenes de nuestro padre celestial, como ud puede ve r en job 2:1-1
Aconteció que otro día vinieron los hijos de Dios para pres entarse delante de Jehová, y Satanás vino también entre ello s presentándose delante de Jehová. Y dijo Jehová a Satanás: ¿De dónde vienes? Respondió Satanás a Jehová, y dijo: De rodear la tierra, y de andar por ella. Y Jehová dijo a Satan ás: ¿No has considerado a mi siervo Job, que no hay otro c omo él en la tierra, varón perfecto y recto, temeroso de Dio s y apartado del mal, y que todavía retiene su integridad, a un cuando tú me incitaste contra él para que lo arruinara si n causa? Respondiendo Satanás, dijo a Jehová: Piel por piel , todo lo que el hombre tiene dará por su vida. Pero extien de ahora tu mano, y toca su hueso y su carne, y verás si n o blasfema contra ti en tu misma presencia. Y Jehová dijo

a Satanás: He aquí, él está en tu mano; mas guarda su vida
.

Dios permitío al diablo que que tocara a job con todo lo qu e tenia, pero bajo su orden, ya que él diablo no puede hace r nada sin que Dios se lo permita como dice en este otro p asaje biblico de la escritura
Lucas 22:31-32 Dijo también el Señor: Simón, Simón, he aquí Satanás os ha pedido para zarandearos como a trigo; p ero yo he rogado por ti, que tu fe no falte; y tú, una vez v uelto, confirma a tus hermanos.
Lucas 22:31-32. DICE CLARAMENTE SATANÁS AH PE DIDO, EL NO PUEDE HACER NADA POR VOLUNTAD SUYA TODO ES PEMRITIDO POR DIOS, SI UD ESTA EN LA MENTIRA, DEJELA DE UNA VEZ POR TODA O TENDRA SERIAD CONSECUENCIAS EN SU VIDA P ERSONAL.

QUE HAY DE LOS PROFETAS MENTIROSOS

Les dejaré un pequeño escrito de cómo ud puede descubrir a un falso maestro o profeta, pastor evangelista etc.

Desde las más tempranas edades, los seguidores del Dios vi vo y verdadero han tenido que luchar contra los falsos prof etas, maestros y pastores. La seria instrucción negativa y la severidad espiritual causadas por estos "ciegos guías de cieg os", (como los llamó Jesús), es que todos terminan cayendo "en el hoyo" (la condenación eterna).

El escritor bíblico que más comentarios hace acerca de los falsos guías religiosos es Jeremías. Les comparto, pues, un estudio de sus comentarios; para familiarizarnos con lo que los falsos religiosos dicen, hacen y cómo destruyen.

Podremos ver las similitudes con los modernos profetas, ma estros y pastores falsos que hoy día igualmente trastornan la vida espiritual de los creyentes y tuercen las verdades de Dios, llevando a las multitudes al error.

Veremos que a través de sus escritos, Jeremías dedica unos ochenta versículos para condenarlos. Para nuestro estudio to maremos las citas principales, y las analizaremos para cono cer mucho mejor a estos perniciosos y falsos guías religioso s. Conociendo sus tácticas podremos con más facilidad iden tificar a los falsos profetas, maestros y pastores que hoy co nfunden, ciegan y destruyen espiritualmente al pueblo de Di os.

(Jeremías 2:8) "Los sacerdotes no dijeron: ¿Dónde está Jeho vá? y los que tenían la ley no me conocieron; y los pastore s se rebelaron contra mí, y los profetas profetizaron en nom bre de Baal, y anduvieron tras lo que no aprovecha".

Jeremías identifica a sacerdotes, pastores y profetas que hab ían traicionado su llamamiento.

Dios había asignado a estos tres grupos de líderes religiosos la tarea de revelar sus verdades y mandamientos. (Deutero nomio 33:10 "Ellos enseñarán tus juicios a Jacob, y tu ley a Israel; Pondrán el incienso delante de ti, y el holocausto s

obre tu altar”. (Malaquías 2:7-8) “Porque los labios del sace
rdote han de guardar la sabiduría, y de su boca el pueblo b
uscará la ley; porque mensajero es de Jehová de los ejército
s. Mas vosotros os habéis apartado del camino; habéis hech
o tropezar a muchos en la ley; habéis corrompido el pacto
de Levi, dice Jehová de los ejércitos”. Sin embargo, entre l
os fieles, se levantaron falsos imitadores que pretendían ser
los mensajeros de Dios.

En los días de Jeremías los “maestros”, es decir los levitas
(los que habían sido llamados por Dios específicamente par
a enseñar su ley), ahora actuaban como si esa ley no existie
ra, e ignorándola, enseñaban lo que más les hacía aceptados
y populares. Los “pastores” (estos no solo representaban a
los líderes del templo sino también a los dirigentes políticos
) se rebelaron contra mí, dice el Señor. Esos falsos líderes
no querían relacionarse con el verdadero Dios ni con Sus v
erdades. Solo buscaban los beneficios que acompañan a aqu
ellos que en verdad sirven a Dios.

Pretendían ser de Dios, pero realmente eran unos mentiroso
s, lobos vestidos de ovejas. Se parecían a los liberales religi
osos de nuestros días que piadosamente se declaran mensaje

ros de Dios, aunque niegan la veracidad de la Biblia, la efi cacia de Jesucristo, y abiertamente apoyan los pecados que la Biblia condena.

Por su parte los "profetas" en los días de Jeremías (esta rep resenta la tercera agrupación llamada por Dios para proclam ar su mensaje) actuaban como aquellos que no conocen a D ios. Jeremías los acusa de profetizar "en nombre de Baal". Baal significa "sin valor", o "sin provecho". Al parecer, Jer emías hace un juego de palabras, señalando que los falsos p rofetas profetizan lo que no aprovecha. Es decir, sus mensaj es no tienen contenido, son vacíos, sin respaldo bíblico.

¡Qué parecido a nuestros días! Ponen a un lado la Palabra de Dios y la sustituyen con visiones y mensajes propios, hu ecos, sin sustancia y sin provecho.

Jeremías 5:30-31 "Cosa espantosa y fea es hecha en la tierr a; los profetas profetizaron mentira, y los sacerdotes dirigía n por manos de ellos; y mi pueblo así lo quiso. ¿Qué, pues, haréis cuando llegue el fin?" El profeta Jeremías, viendo la funesta conducta inmoral del pueblo, señala como culpables a los falsos maestros. Predicar, enseñar y profetizar mentira engendra una conducta "espantosa".

Veamos los pasos producidos por el error: Aquellos que debieran haber enseñado la verdad para formar un pueblo recto y moral habían traicionado su deber, convirtiéndose en los que con sus mentiras respaldaban cosas espantosas y feas en la tierra. Los más culpables eran los profetas. En lugar de denunciar el pecado para llevar al pueblo al arrepentimiento, lo que hacían era predecir prosperidad, salud y bienestar.

El pueblo, hipnotizado por sus promesas falsas, tranquilamente continuaba pecando y alejándose de Dios. Por su parte, los sacerdotes (pastores) flojamente dirigían por manos de ellos (por su propia autoridad) en lugar de seguir los principios dados por Dios en Su Sagrada Palabra. Adormecido espiritualmente, el pueblo no solo aceptaba su estado, así lo quiso. Le gustaba la prédica de profetas y pastores indulgentes que ni hacían demandas ni denunciaban el pecado.

Jeremías, al contrario, se quedaba asombrado: ¿Qué, pues, h aréis cuando llegue el fin? Un día cada persona tendría que sufrir las consecuencias de esta indiferencia espiritual. ¡Cuá n grande sería el juicio que les esperaba!

Jeremías 6:13-14 "Porque desde el más chico de ellos hasta el más grande, cada uno sigue la avaricia; y desde el profe ta hasta el sacerdote, todos son engañadores. Y curan la her ida de mi pueblo con liviandad, diciendo: Paz, paz; y no ha y paz". Jeremías se queja porque en vez de buscar a Dios, todo el mundo codicia lo material. Los sacerdotes y profeta s, a causa de sus enseñanzas falsas, tenían la culpa. Todo el pueblo, desde el más chico de ellos hasta el más grande, s eguía el ejemplo de esos maestros espirituales falsos, todos buscaban las cosas de esta tierra en lugar de buscar lo etern o. Los líderes espirituales, desde el profeta hasta el sacerdot e, falsa y engañosamente enseñaban a la gente a vivir para el ahora. Dios, la eternidad y lo espiritual eran puestos a un lado. Todos buscaban dinero.

Curan la herida de mi pueblo con liviandad, es decir, los a nhelos más profundos del corazón eran apagados por mensa jes y palabras insignificantes y vacías de los profetas, maest ros y pastores. En medio de la turbulencia e inseguridad po lítica en que vivían, el mensaje engañador de los maestros espirituales era paz, paz; y no había paz.

Tan endurecidos estaban a cuenta de sus pecados que no es taban dispuestos a recibir la verdad ni responder a ella. En 8:10-11 Jeremías repite el mismo mensaje.

Busque: Jeremías 14:13-15

Acerca de estos profetas, pastores y maestros Dios declara: No los envié, ni les mandé, ni les hablé. Tenemos que reco rdar que se levantan hombres que pretenden enseñar y profe tizar en nombre de Dios, pero en verdad están lejos de Él. Ni parte ni suerte tenía Dios con ellos. Jeremías, el verdade ro profeta de Dios, tiene preocupación por las profecías hec has por los falsos mensajeros: ¡Ah! ¡Ah, Señor Jehová! He aquí que los profetas les dicen: No veréis espada, ni habrá hambre entre vosotros, sino que en este lugar os daré paz v erdadera. El mensaje de Jeremías era uno de arrepentimient o, el de ellos era de tranquilidad. ¿Cuál era el mensaje verd

adero? Dios responde: Falsamente profetizan los profetas en
mi nombre; no los envié, ni les mandé, ni les hablé; visió
n mentirosa, adivinación, vanidad y engaño de su corazón o
s profetizan. Claramente enseña que en el pueblo se levanta
n pretendientes religiosos que se han auto nombrado, auto
inspirado y auto enseñado.

Todos pretenden hablar en el nombre de Dios, pero son im
postores. El mensaje de ellos se caracteriza por cuatro cosas
: Visión mentirosa, adivinación, vanidad, y engaño.

La base de su proclamación no es la Biblia, es inventada p
or la mente de ellos mismos (véase 2 Timoteo 4:3-4). El ve
rdadero profeta de Dios llama al pueblo a regresar a Dios (
no es un mensaje que da falsa tranquilidad y esperanza). El
los denuncian el pecado y piden reconciliación con Dios, p
or lo tanto no son populares. Terrible es el juicio divino qu
e le espera a todos los profetas falsos. No hay pecado más
terrible de aquel que escoge ser impostor. Falsificar el nom
bre de Dios, y engañar al pueblo es horriblemente pecamin
oso.

Busque: Jeremías 23:9-15

Dos cosas dejan a Jeremías atónito: La terrible ruina espirit ual creada por los falsos profetas, y el terrible juicio que ah ora vendría sobre el pueblo y ellos. En estos textos se nos da un vistazo al corazón de Jeremías.

Como siervo fiel de Dios, viendo lo enorme de las ofensas contra Dios cometidas por el pueblo, y comprendiendo que esto era el resultado del engaño de los líderes falsos, y con ociendo el carácter verdadero de Dios, ahora contempla el j uicio terrible que Dios le revela está a punto de caer sobre todos (No olvidemos que es su pueblo amado y es su nació n). La realidad de ese juicio le deja con corazón quebrantad o y sus huesos temblando (Démonos cuenta que aunque el siervo fiel de Dios condena el pecado e invita al arrepentim iento, él no se deleita en el castigo divino. Al contrario, esa realidad es lo que le motiva a trabajar y advertir al pueblo). Encima de eso porque también es profeta, considera el se vero juicio que le espera a los falsos profetas, maestros y p astores, lo que le deja atónito, como un ebrio, y como hom bre a quien dominó el vino. El juicio divino nunca alegra; por su realidad deja a los fieles siervos de Dios estupefacto

s. El verdadero siervo de Dios sufre al ver a su pueblo entr
egarse al pecado y al escuchar a los líderes (profetas, maest
ros, y pastores) predicar falsedad. Sabe que por repudiar a
Dios y representarlo mal, les espera un terrible y justo juici
o. Empleando este pasaje que estudiamos, el comentarista C
harles L. Feinberg, hace un resumen del carácter inmoral de
los falsos maestros (véanse a Isaías 28:7-13; Ezequiel 13:1
-16; Miqueas 3:5-12):

1. Usan el nombre de Dios sin autorización.

2. Manifiestan no solo el adulterio, sino todo tipo de inmor
alidad.

3. En sus consejos animan al pecado.

4. Propagan falsas esperanzas ante sus seguidores.

5. La fuente de su predicación no es Dios, sino su propia mente o lo dicho por otros mensajeros falsos.

6. No son ni llamados ni enviados por Dios.

Por animar la idolatría, por vivir en inmoralidad, por su indiferencia a lo justo, por su tolerancia del pecado, y por sus palabras engañosas todos los líderes falsos son culpables de endurecer los corazones del pueblo. Así que ante los ojos de Dios todo el pueblo se convierte en uno pecaminoso como Sodoma, y sus moradores como Gomorra. Por haber envenenado los manantiales espirituales del pueblo, los líderes espirituales, en particular, son los más culpables y los merecedores del mayor castigo. El Señor declara: He aquí que yo les hago comer ajenjos, y les haré beber agua de hiel; porque de los profetas de Jerusalén salió la hipocresía sobre toda la tierra.

Busque: Jeremías 23:16-24; 25-32

En este pasaje Jeremías revela las tácticas sutiles usadas por los falsos profetas para ganarse al pueblo. También declara el juicio divino que les espera. Declara que si hubieran ha blado realmente en el nombre de Dios, habrían advertido al pueblo y lo hubieran llevado al arrepentimiento. Primero mi remos las tácticas sutiles usadas por los falsos profetas para atraer y luego captar la atención y lealtad del pueblo:

A. Hacen atractivas promesas que luego no pueden cumplir: Os alimentan con vanas esperanzas.

B. Inventan visiones pretendiendo que vienen de Dios: Habl an visión de su propio corazón, no de la boca de Jehová.

C. Declaran que lo que dicen viene directamente de Dios: Dicen atrevidamente... "Jehová dijo".

D. Se apoyan falsamente en sus sueños: Profetizan mentira en mi nombre, diciendo: Soñé, soñé.

E. Se roban el uno del otro las manifestaciones que producen éxito: Hurtan mis palabras cada uno de su más cercano.

F. Hablan con gracia lo que el pueblo quiere escuchar: He aquí que yo estoy contra los profetas que endulzan sus lenguas.

El problema con toda esta pretendida profecía y espiritualidad es que es de origen humano, no viene de Dios. ¿Qué tiene que ver la paja con el trigo? dice Jehová. Al no tener el respaldo divino, finalmente fracasará. Pero, ¿qué de los que se han confiado y seguido a toda esa mentira? Cuando se estudia lo dicho por los falsos profetas claramente se ve que contradicen por completos lo que verdaderamente enseña la Palabra de Dios. Los verdaderos profetas de Dios anuncian la venida de un terrible juicio: He aquí que la tempestad de Jehová saldrá con furor; y la tempestad que está preparada caerá sobre la cabeza de los malos. Los falsos profetas p or su parte declaran lo opuesto: Jehová dijo: Paz tendréis; y a cualquiera que anda tras la obstinación de su corazón, di cen: No vendrá mal sobre vosotros.

Dios, en cambio, oyendo sus mentiras, dice: ¿quién [de ello s] estuvo en el secreto de Jehová, y vio, y oyó su palabra? ¿Quién estuvo atento a su palabra, y la oyó? Los falsos pro fetas están tan entretenidos y satisfechos en sus inventos qu e no tienen tiempo para Dios, ni le dan importancia a Su P alabra. No lo buscan. No lo escuchan. No lo siguen. Dios, por lo tanto, los declara falsos e indignos de llevar su nom bre: He aquí, dice Jehová, yo estoy contra los que profetiza n sueños mentirosos, y los cuentan, y hacen errar a mi pue blo con sus mentiras y con sus lisonjas, y yo no los envié ni les mandé; y ningún provecho hicieron a este pueblo, dic e Jehová.

Busque: Jeremías 26:7-11; 12-15

En este pasaje se explica la manera en que el pueblo y los falsos profetas, maestros y pastores reaccionan ante la verda

d dada por Dios y predicada por Jeremías. No solo la recha
zan, pero procuran matar a Jeremías quien era el verdadero
vocero de Dios. Nos interesa notar que el pueblo, junto a s
us líderes religiosos, escucharon atentamente lo dicho por Je
remías, pero luego vino la reacción: Los sacerdotes y los pr
ofetas y todo el pueblo le echaron mano, diciendo: De ciert
o morirás. Claramente ellos creían que el "falso" profeta er
a Jeremías. Es fascinante observar la manera en que la vers
ión Septuaginta clasifica a estos falsos acusadores (nos refer
imos a la traducción de la Biblia del hebreo al latín que co
múnmente es designada como la versión de los "LXX", por
el hecho de que fueron 70 traductores en Alejandría —entr
e los años 275-100 a.C.— los que hicieron esta traducción).
En esta Biblia los falsos maestros son llamados "seudo-pro
fetas", claramente estableciendo que ellos eran los falsos y
pretenciosos entes religiosos.

Se nota a la vez la rabia con que esos llamados religiosos t
ratan al verdadero mensajero de Dios. No lo reconocen com
o el profeta legítimo. Rechazan su mensaje. No lo toleran. ¡
Lo quieren ver muerto como si él fuera el hereje! (Deutero
nomio 18:20). Preguntan: ¿Por qué has profetizado en nomb
re de Jehová, diciendo: Esta casa [el templo] será como Sil
o, y esta ciudad [Jerusalén] será asolada hasta no quedar m

orador? Rechazan este mensaje verdadero, prefiriendo creer
en sus inventadas mentiras. Aunque Nabucodonosor estaba
por invadir a la ciudad y saquear el templo, ellos declaraba
n: “Dios nunca destruirá a Jerusalén ni a Israel su pueblo a
mado”. Adicionalmente, vemos que cuando los oficiales oye
n del tumulto e interfieren para proteger a Jeremías, los seu
do-profetas dicen: En pena de muerte ha incurrido este hom
bre; porque profetizó contra esta ciudad. Al omitir la conde
nación que Jeremías había hecho del “templo”, estos malint
encionados procuraron convertir la acusación en un asunto
político: “¡Jeremías es un traidor; está contra la patria!” Co
n increíble audacia Jeremías defiende sus proclamaciones. N
o acortó su mensaje. No lo cambió. No lo suavizó.

Aunque le llevara a la muerte, este era el mensaje que Dios
le había pedido predicar. A su vez se ve el corazón del ve
rdadero siervo de Dios —se preocupa por el destino eterno
de los hombres, y sorpresivamente, les da otra oportunidad
para arrepentirse: Mejorad ahora vuestros caminos y vuestra
s obras, y oíd la voz de Jehová vuestro Dios, y se arrepenti
rá Jehová del mal que ha hablado contra vosotros. Lo que
nos impresiona sobre todo es que en la hora de gran prueba
Jeremías sigue predicando y se mantuvo fiel y fuerte.

Busque: Jeremías 37:15-21 y 38:6-13; 28.

Aquí está la muestra del trato que recibe Jeremías por su fi delidad a Dios. El mensaje divino para este mundo pecador no es placentero: Viene con denuncias, con condenaciones, con demandas, con advertencias de un terrible juicio, pero t odo mezclado con la buena disposición de Dios para perdon ar y abrazar a los que se arrepientan. En verdad, la historia de los profetas en la Biblia es una de rechazo y sufrimiento , con pocas excepciones. Consideremos lo que le pasó al mi smo Jesucristo, y los dolores sufridos por sus discípulos, es pecialmente el apóstol Pablo (véase 2 Cor. 11:18-30). Los v erdaderos profetas de Dios nunca fueron populares, ni vivier on en palacios rodeados de lujosos automóviles. En fin, ¿cu áles son los profetas que en verdad necesita el pueblo? Para nuestro bien eterno, busquemos y sigamos a aquellos mens ajeros de Dios que fielmente y sin temor a las consecuencia s personales declaran el mensaje incambiable del Dios etern o. Y a cada uno de mis amados consiervos, les reto a que por ningún motivo cambiemos nuestro mensaje y prácticas doctrinales por atractivas que se nos presenten las ofertas. L os falsos profetas, pastores y maestros de nuestros tiempos

siguen predicando su evangelio de "prosperidad". Lo que no
dicen es que la prosperidad es la que ellos están teniendo
de todos los incautos que les siguen. Es triste decirlo, pero
muchas de nuestras queridas ovejas son engañadas y devora
das por estos lobos rapaces. Por otra parte, debo dar un grit
o de alerta: ¡Cuidémonos de no cambiar nuestro mensaje a
este mundo tan necesitado de Dios y de arrepentimiento! El
apóstol Pablo recordó con grandes palabras al pastor Timot
eo, "...ten cuidado de ti mismo y de la doctrina que enseña
s.

Creo que a travez de Este comentario no hay nada más qu
e agregar acerca de los falsos maestro, pastores, profetas etc
. Que solo están para engañar al pueblo de Dios, con sus m
entiras y falsas doctrinas.

EXPERIENCIA PERSONAL

A manera persona, cuando era más joven viví en un círculo de mentiras en mi familia, vivimos bajo maldición, y bajo la opresión del diablo es terrible vivir de esa manera, much as veces pasamos hambre, angustia, y tristezas por una men tira de mi padre y la el pecado de adulterio también que el tenia, es penoso vivir así y aun más sin Cristo, pero gracias a su muerte en la cruz hoy en día somos libres de la escla vitud del diablo y el rompió las maldiciones generacionales y ahora puedo decir que gracias a él soy en hombre casado, con una maravillosa esposa y un precioso hijo que Dios n os dio por su infinita misericordia.

Recuerdo que una vez le pregunte a Dios que como era la mentira, que aspecto tenia y un sueño Dios me respondió a quella petición, la mentira se me fue revelada en un hombr e con cabello largo y barba larga en forma puntiaguda, con traje bien elegante.

Fue todo lo que vi pero pude entenderlo a la perfección, la mentira es antigua igual que el diablo entra de forma elega nte ante la persona sin que te puedas dar cuenta para acom odar tu problema, y la barba puntiaguda representa que en el menos indicado saldrás descubierto y quedaras herido par a toda vida por esta arma silenciosa que es la mentira.

LA MEDICINA PARA LA MENTIRA

Hay una cura, muy poderosa para la mentira, y esa medicin a se llama nada más que Jesucristo, el venció la muerte, la enfermedad y el pecado en la cruz del calvario, si ud en est e momento esta en la mentira, puede ser libre por su poder osa sangre la escritura dice que conocereis la verdad y la v erdad os hara libre, cual es esta verdad, la verdad es Cristo acepte al Señor en esta gira en su corazón, arrepientase de su pecado su mentira y vera como Dios le hará libre ¡por q ue en el hay poder en el hay sanidad y en el hay libertad!, para su vida y para su familia ¡Aleluya!. Recuerde Dios le ama y aceptará su perdón si ud se humilla delante del el de seche la mentira de su vida y reprendala en el nombre de ¡ JESUCRISTO!.

ACERCA DEL AUTOR

El hermano Gustavo Uribe, es un evangelista y está comenz ando a desarrollarse como escritor, ah predicado en varias c iudades del País de Chile a su corta a edad de 24 años, a g anado cientos de almas para Cristo, es miembro activo de i nstituto teológico CETEM ADULAM, De la ciudad de lota dirigido por el obispo Ricardo Elias Delgadillo Pineda. Gust avo uribe reside con su esposa, Claudia carrillo Jara en la c udiad de Concepción, comuna de Lota, Chile.

Teléfono (9-36672668)

uribegustavo355@gmail.com

Printed by Books on Demand GmbH, Norderstedt / Germany